Erwin Grosche
E-le-fa, E-le-fee!
Was macht der Elefant am See?

Lass dich bloß nicht täuschen,
lausche in die Welt,
lausche den Geräuschen,
wer hat sie bestellt?

Lass dich bloß nicht täuschen,
lausche in dich rein,
lausche den Geräuschen,
könnt dein Herzschlag sein.

Erwin Grosche
ist Geschichtenerfinder, Laute-Zauberer und Sprach-Jongleur.
Seit über dreißig Jahren ist er auf der Bühne zu Hause – als Schauspieler und Kabarettist.
Er freut sich über die Preise, mit denen er ausgezeichnet wurde:
den »Deutschen Kleinkunstpreis«, den Kulturpreis der Stadt Paderborn . . .
und was da sonst noch kommen mag.
Der Schirmherr von UNICEF Paderborn isst gerne Kuchen,
sammelt Luf-f-f-ftpumpen und schreibt Kinderbücher.
Seine Tonträger für Kinder haben ihn bekannt gemacht.

Dr. Petra Küspert,
Diplom-Psychologin, ist Lehrbeauftragte am Lehrstuhl für
Entwicklungspsychologie und Pädagogische Psychologie der Universität Würzburg.
Gemeinsam mit Prof. Dr. Wolfgang Schneider entwickelte sie das Würzburger
Trainingsprogramm »Hören, lauschen, lernen«.
Außerdem arbeitet sie im Bereich Lernförderung und führt
Fortbildungen für Lehrkräfte, Erzieherinnen und Kinderärzte durch.
Sie ist Autorin zahlreicher Test- und Fördermaterialien
für das Kindergarten- und Schulalter.

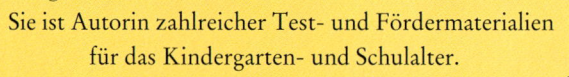

Christiane Hansen
ist 1973 in Würzburg geboren. Schon als Kind wollte sie Kinderbuchillustratorin werden.
Viele Jahre später studierte sie an der Hochschule für angewandte
Wissenschaften in Hamburg. Seit 2000 arbeitet sie als freiberufliche Illustratorin.
In der Edition Bücherbär erschienen von ihr »Der Adler wollt hinauf zum Mond«
von Willi Fährmann und »Heute ist Lucy Prinzessin«,
geschrieben von Isabel Abedi.

Erwin Grosche

E-le-fa, E-le-fee! Was macht der Elefant am See?

Lautgedichte und Sprachspiele quer durchs Abc

Mit einem Vorwort von
Dr. Petra Küspert

Illustriert von Christiane Hansen

EDITION
BÜCHERBÄR

2007/0116

In neuer Rechtschreibung

1. Auflage 2007
© Edition Bücherbär im Arena Verlag GmbH, Würzburg 2007
Alle Rechte vorbehalten
Einband und Innenillustrationen: Christiane Hansen
Gesamtherstellung: Westermann Druck Zwickau GmbH
ISBN 978-3-401-08974-4

www.arena-verlag.de

Inhalt

Liebe Leserinnen und Leser,

sprechen lernen heißt hören lernen! Schon Säuglinge ahmen Laute und Silben nach und erhalten so ein Gespür für den Klang ihrer Muttersprache. Etwa im Alter von drei bis vier Jahren entwickeln unsere Kinder ein Interesse am Spiel mit Klang und Rhythmus der Sprache, und die meisten Kinder haben große Freude am Reimen (»Der Uhu Ulrich macht UU und macht dabei kein Auge zu . . .«) und am rhythmischen Sprechen nach Silben (»Ein E-le-fant kommt an-ge-rannt . . .«). Wissenschaftliche Untersuchungen haben gezeigt, dass gerade diese Fähigkeit unserer Kindergartenkinder, dem Klang der gesprochenen Sprache nachzuspüren, eine wesentliche Voraussetzung für erfolgreiches Lesen- und Schreibenlernen in der Schule darstellt.

Auch schreiben lernen heißt hören lernen! So erklärt sich auch der große Erfolg des Würzburger Trainingsprogramms »Hören, lauschen, lernen«, in welchem Kinder im Kindergarten in spielerischen Übungen Wörter, Silben, Reime und sogar die einzelnen Laute unserer Sprache ergründen und dadurch optimale Voraussetzungen für den Schriftspracherwerb erhalten. Durch diese systematischen Sprachspiele konnten sogar »Risikokinder«, also Kinder, die aufgrund von Entwicklungsrückständen mit hoher Wahrscheinlichkeit später eine Lese-Rechtschreib-Schwäche oder »Legasthenie« entwickelt hätten, vor diesem Schicksal bewahrt werden. Sie entwickelten sich – dank der spielerischen Sprachübungen im Kindergarten – nachfolgend zu guten Lesern und Rechtschreibern.

Glücklicherweise wurde durch den Erfolg dieses Förderprogramms bei Erzieherinnen, Lehrkräften und Eltern das Bewusstsein gestärkt, dass wir mit Sing-, Reim- und Fingerspielen unseren Kindern im Kindergarten die beste Grundlage für ihre sprachliche Entwicklung mitgeben können. Man greift wieder gern auf Altbewährtes zurück! So ist die Nachfrage nach kindgerechten Reimen und fröhlichen Finger- und Kniereiterspielen in den letzten Jahren enorm gestiegen.

Auch Erwin Grosches Sammlung origineller Lautgedichte fördert die Sprachentwicklung Ihres Kindes. Das Buch zeichnet sich aus durch hohe Sprachkunst, den spielerischen Umgang mit den Lauten und durch Fantasie und Witz. Diese lautmalerischen Texte verführen die Kinder geradezu, mit der Artikulation zu spielen, Klänge zu ergründen und damit ihre »Sprechwerkzeuge« zu erproben und ihre Wahrnehmung zu sensibilisieren. Wer – zum Beispiel – die »Luf-f-f-ftpumpe« mit nicht enden wollendem »f-f-f-f-f« artikuliert, erwirbt ein tiefes Empfinden der Laute, wer – wie in einem anderen Text – das ewige Tropfen in der Spülmaschine rhythmisch imitiert, kann den Rhythmus der Sprache lebhaft verinnerlichen. Wer schließlich die Fülle von Mitmachtipps umsetzt, erlebt Sprache in Bewegung und ist bewegt vom Klangerleben, das scheinbar einfache Wörter in dieser grandiosen Zusammenstellung ermöglichen.

Dass mit diesem Band den Kindergartenkindern eine ganz besondere Freude an Sprechen und Sprache, am Formulieren und am Er-fühlen der Laute vermittelt wird, versteht sich von selbst. Ich wünsche mir, dass dieses Buch im Kindergarten und in der Familie große Beachtung finden möge, da es nicht nur Freude an der Sprache, sondern auch unverzichtbare Vorkenntnisse für das Lesen- und Schreibenlernen schenkt.

Ich wünsche Ihnen und allen Kindern ein einzigartiges Sprach-Erlebnis.

Ihre Dr. Petra Küspert

A, E, I, O, U

Das A ist ganz erstaunt

Das A ist ganz erstaunt
und staunt dann gut gelaunt:
AAAAA

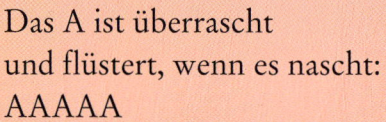

Das A ist überrascht
und flüstert, wenn es nascht:
AAAAA

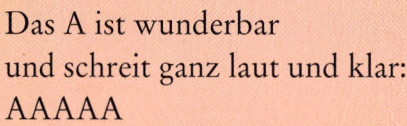

Das A ist wunderbar
und schreit ganz laut und klar:
AAAAA

Das A ist manchmal krank,
so macht beim Arzt der Frank:
AAAAA

Das A war einmal klein
und will bald Anton sein:
AAAAAnton

Hör hin, mach mit!

Du kannst das A singen, flüstern, sprechen oder schreien. Probier es aus.
Kennst du noch mehr Namen mit A. Wie heißen deine Freunde?

armer Esel, raus bist du!

Alle meine Aale

Alle meine Aale
albern abends gern
(albern abends gern).
Nur Aal Albert
ist nie albern
und sieht abends lieber fern.
(Nur Aal Albert
ist nie albern
und sieht abends lieber fern.)

Hör hin, mach mit!
Singe nach der Melodie von
»Alle meine Entchen«.

10

Alle Aale sind schon da

Alle Aale sind schon da,
alle Aale, alle.
Alberts Aale, Almas Aale,
Alfreds Aale, alle Aale,
alle Aale sind schon da,
alle Aale, alle,
und auch eine Qualle.

Alle Wale sind schon da,
alle Wale, alle.
Alberts Wale, Almas Wale,
Alfreds Wale, alle Wale,
alle Wale sind schon da,
alle Wale, alle,
und auch eine Qualle.

Hör hin, mach mit!

Denk an das Lied »Alle Vögel sind schon da«, dann hast du
auch die Melodie für dieses Lied parat.

Eseleien

Es
elefantet echt am See,
elefa – elefee.
Der Esel
schreit vor Schreck I-E.
Oje, oje!

Noch mehr Eseleien

Es
endet manche Eselei
auf einem Eselhof.
Der Esel findet nichts dabei,
er ist ganz gerne doof.

Hör hin, mach mit!
Spiel mal Esel. Lass dich ziehen, lass dich locken. Sei stur!

Ina Igel

Igittigitt,
sagt Ina Igel,
immer gibt es Ingwer-Riegel.

Hallo, Kinder, macht mal »I«

Hallo, Kinder, macht mal »I«:
Welches Tier macht Kikriki?
Ist's ein Fisch, ein Kolibri,
oder hört man das sonst nie?

Hallo, Kinder, macht mal »I«:
Welches Tier macht Kikriki?
Alle rufen laut wie nie:
Nur der Hahn, das Federvieh!

Hör hin, mach mit!
Hallo, Kinder, macht doch mal »I«. Vom I ist es nicht mehr weit zum Kikriki.

Omas Ohrenschützer

Ohne Omas Ohrenschützer
wären Ohren kälter.
Bau für Omas Ohrenschützer
Ohrenschutzbehälter.

Ohne Omas Ohrensalbe
wären Ohren härter.
Sei für Omas Ohrensalbe
Ohrensalbenwärter.

Steht das O am Himmelszelt

Das O ging auf
so froh als Mond,
thront oben hoch,
und wird belohnt:

Dort ist das O,
oh große Wonne,
bald Sonnenwort
und Teil der Sonne.

Hör hin, mach mit!
Fahre das O mit dem Finger nach. Du findest es
nicht nur in den Wörtern SONNE und MOND.

Der Uhu Ulrich

Der Uhu Ulrich
macht UU.
Und macht dabei kein Auge zu.

Mund auf, Mund zu –
mach du dazu,
als wärst du auch
ein U-hu-hu.

Weil unser Uhu Uhu ist,
und damit man das nicht vergisst,
macht er UU
und immerzu
UU UU
UU UU.

Zwei machen nicht die Augen zu:
Ulrich und du
UU-hu-hu.

Hör hin, mach mit!

Spiele den Uhu. Mach laut sein UU nach. Sprich das ganze Gedicht mal in der
Uhu-Sprache nach. Wie klingt das wohl?

Der Ball

Der Ball
roll roll
der Ball
roll roll
der Ball
roll rollt
bald vor.

Der Ball
roll roll
der Ball
roll roll
der Ball
roll rollt
ins TOOOOR!!!!!

Hör hin, mach mit!
Klatsch dieses Gedicht mit. Du kannst auch
dazu einen Ball auf- und abspringen lassen.

Sonne, Mond und Känguru

Fritz und Fee

F F F F
Fahrrad fahrn,
flink und flott und froh.
Fröhlich mit dem
Fahrrad fahrn!
Freut sich Fritz, der Floh.

F F F F
Fahrrad fahrn,
flink und flott und froh.
Fee fährt flott
mit langen Haarn
und mit Fritz, dem Floh.

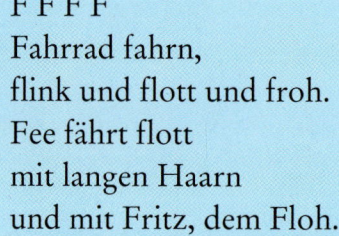

Hör hin, mach mit!
Sprich das F F F F,
als würdest du pfeifen.

– alle hören gerne zu!

Lufffftpumpe

Ist mein Fahrradreifen platt,
und ich hab das Schieben satt,
hol ich meine Luf-f-f-ftpumpe,
Luf-f-f-ftpumpe, Luf-f-f-ftpumpe,
hol ich meine Luf-f-f-ftpumpe,
Luf-f-f-ftpumpe, Luf-f-f-ftpumpe.

Und bevor ich lieber lauf,
pump ich meinen Reifen auf
stets mit meiner Luf-f-f-ftpumpe,
Luf-f-f-ftpumpe, Luf-f-f-ftpumpe,
stets mit meiner Luf-f-f-ftpumpe,
Luf-f-f-ftpumpe, Luf-f-f-ftpumpe.

Ist mein Fahrrad wieder fit,
und die Reifen rollen mit,
dank ich meiner Luf-f-f-ftpumpe,
Luf-f-f-ftpumpe, Luf-f-f-ftpumpe,
dank ich meiner Luf-f-f-ftpumpe,
Luf-f-f-ftpumpe, Luf-f-f-ftpumpe.

Hör hin, mach mit!

Die Lufffftpumpe darf heute mal mit vier »f« geschrieben werden,
damit man schon beim Sprechen hört, wieviel Lufffft da rauskommt.
Du kannst das Wort natürlich auch so sprechen, als würde es mit
zwölf »f« geschrieben. Wie klingt das dann?

Das Lappenlied

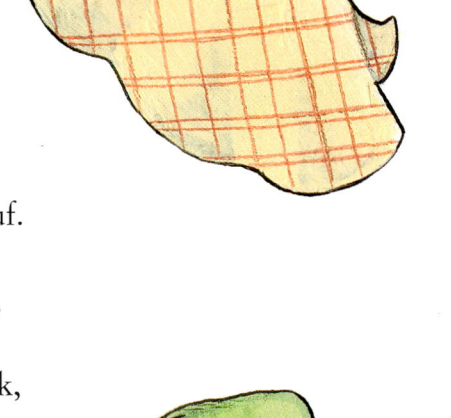

La la la la
Lappenlied.
Lappen sind doch
wirklich lieb,
lecken locker alles auf.
Flecken weg im Dauerlauf.

Lappen putzen alles weg,
säubern sogar Ohren,
treffen sie mal einen Fleck,
hat der schon verloren.

La la la la
Lappenlied.
Lappen sind doch
wirklich lieb,
lecken locker alles auf,
Flecken weg im Dauerlauf.

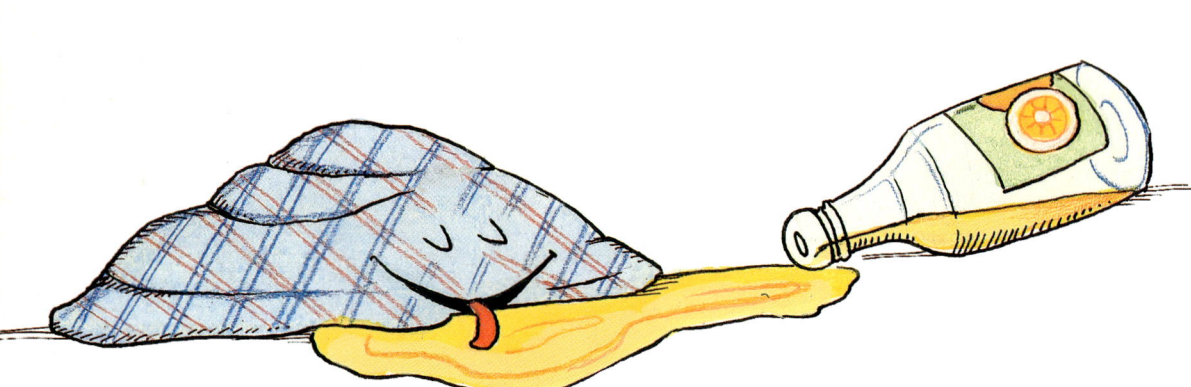

Rudis rasender Roller

Rudi rollt mit seinem Roller
einen Berg herunter.
Rudi rollt dann immer toller
und wird richtig munter.

Roller roller Roller roller
roller roller hopp.
Roller roller Roller roller
roller roller stopp!

Hör hin, mach mit!
Sprich das Rollergedicht erst ganz langsam, und werde dann immer schneller.
Man könnte dann denken, dass du mit Rudis Roller mitfährst.

Maries M-Gedicht

Ich mag so das M,
als wär's Marzipan.
Dann mach ich schnell: »Mhm!«
und knabber es an.

Ich sag manchmal »M«,
dann höre ich zu.
Und mache ich »Muh!«,
dann spiele ich Kuh.

Und wunder ich mich
und mische mich ein,
dann frage ich »Mhm?«
und muss das so sein?

Ein Monster mault »Mmmmm«,
dann wirst du erschreckt.
Und Mama singt »Mhmmm«,
dann wirst du geweckt.

Ich mag so das M.
als wär's Marzipan.
Dann mach ich schnell: »Mhm!«
und knabber es an.

Hör hin, mach mit!
Wann macht man »M«? Sprich den Laut zufrieden,
sprich ihn knurrend wie ein gefährliches Monster,
sprich ihn verwundert, summe ihn . . .

Der Nasenbär nascht

Im Nasenbärkäfig hockt der
Nasenbär neben dem Nasenbär neben dem Nasenbär neben dem
Nasenbär neben dem Nasenbär neben dem Nasenbär neben dem
Nasenbär neben dem Nasenbär neben dem Nasenbär neben dem
Nasenbär neben dem Nasenbär neben dem Nasenbär neben dem
Nasenbär.

Und nascht ein
Nutellabrot und noch ein Nutellabrot und noch ein
Nutellabrot und noch ein Nutellabrot und noch ein
Nutellabrot und noch ein Nutellabrot und noch ein
Nutellabrot und noch ein Nutellabrot und noch ein
Nutellabrot.

Dann machen alle
ein Nickerchen am Nachmittag nafnaf
ein Nickerchen am Nachmittag nafnaf
ein Nickerchen am Nachmittag nafnaf
ein Nickerchen am Nachmittag nafnaf.

Hör hin, mach mit!

Was steht, fährt und fliegt noch nebeneinander?
Mache ein Gedicht über alles, was man nebeneinander sehen kann.

Drei Löffel Löwensenf

Ein Löffel Löwensenf
SENF
SEN
SE
S
SCHARF

Zwei Löffel Löwensenf
SENF
SEN
SE
S
SEHR SEHR SCHARF

Drei Löffel Löwensenf
SENF
SEN
SE
S
SEHR SEHR SEHR SUPERSCHARF
UAAAAH

Hör hin, mach mit!

Sprich das S sehr übertrieben. Werde beim Essen des scharfen Löwensenfs
zum Löwen.

Bärenlied

Balthasar brummt mit Babett,
beide spielen Bär.
Balthasar brummt auch im Bett,
keiner schläft dann mehr.

Balthasar bellt mit Babett,
beide spielen Hund.
Balthasar bellt gar nicht nett,
Babett wird's zu bunt.

Balthasar hüpft mit Babett,
beide spielen Ball.
Balthasar bläst ihn ganz fett,
Bumm! Es kommt zum Knall.

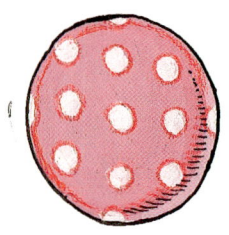

Brumm Brumm Brumm Brumm Brumm Brumm Brumm
B B B B B
Brumm Brumm Brumm Brumm Brumm Brumm Brumm
B B B B B

Hör hin, mach mit!
Brumm das Gedicht. Stell dir vor, ein Bär würde es sprechen.

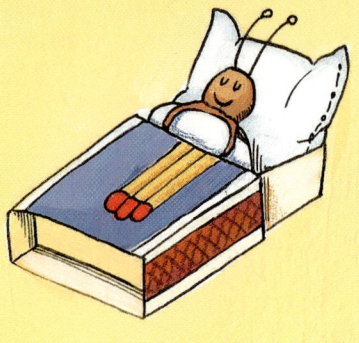

Die Decke

Die dicke Decke deckt dich zu,
du bist doch so am Frieren.
Die dicke Decke wärmt im Nu
dich bei den Kuscheltieren.

Du du du
dicke Decke
du du du

Die dünne Decke brauchst du auch
zum Träumen und zum Denken.
Ich lege sie auf deinen Bauch
und möchte sie dir schenken.

Du du du
dünne Decke
du du du

Auf beiden Decken liegst du fein,
darauf und auch darunter.
So dürfen deine Decken sein,
dann wird dein Leben bunter.

Sei froh, dass es die Decken gibt,
darunter kannst du tuscheln.
Und weil die Mama dich so liebt,
kannst du mit ihr dort kuscheln.

Der Gong

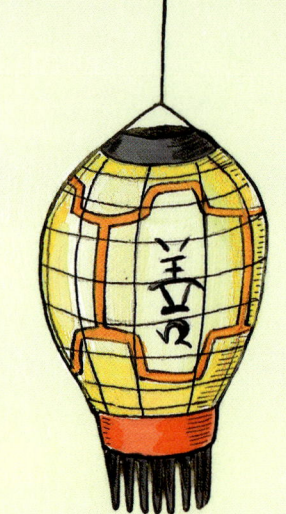

Der Gong Gong Gong Gong
gongt so laut,
wenn man auf seine Glocke haut.
Der Gong Gong gongt
bei jedem Ton,
wenn du ihn triffst,
dann hört man's schon.

Der Gong Gong Gong Gong
gongt so GONG,
als wär er in Hongkong King Kong.
Drum sei froh,
dass dich niemand haut,
und wenn, dann schrei wie er so laut:
GONG!

Hör hin, mach mit!
Wie macht der Gong? Sprich das Wort »Gong« ganz laut und nachhallend.
So wird das Gedicht für alle Zuhörer sehr lustig sein.

Der Händetrockner

Ho Ho Ho
Händetrockner,
man kennt dich vom Rauschen.

Ho Ho Ho
Händetrockner,
lass uns dir mal lauschen.

Ho ho ho – ganz erschrocken –
machst du meine Hände trocken.

Ho Ho Ho
Händetrockner,
heiße Luft uns sende.

Ho Ho Ho
Händetrockner,
nun sind wir am Ende.

Ho ho ho – ganz erschrocken –
machst du meine Hände trocken.

Hör hin, mach mit

Der Händetrockner lässt die warme Luft ausströmen.
Sprich auch so dieses Gedicht.

Kartoffeln können komisch sein

Kartoffeln können komisch sein,
sie haben Kugel-Köpfe
mit Kulleraugen, und ganz klein
erkennt man kleine Knöpfe.

Kartoffeln schält man meistens auch
mit dem Kartoffelmesser.
Kartoffelpo, Kartoffelbauch,
die fühlen sich dann besser.

Beim Kochen im Kartoffeltopf
knurrt kurz der Köche Magen.
Kartoffeln kugeln Kopf an Kopf
und werden weich und sagen:

Kartoffeln können komisch sein,
wenn alle darauf gucken.
Kartoffeln sind – ob groß, ob klein –
gut zum Kartoffeldrucken.

Hör hin, mach mit!
Sprecht dieses Gedicht zusammen als Rap.
Nennt euch »Die Kartoffelgang« und
tragt Kostüme, die ihr aus
Kartoffelsäcken gebastelt habt.

Der missglückte Postraub

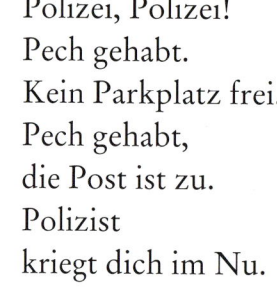

Polizei, Polizei!
Pech gehabt.
Kein Parkplatz frei.
Pech gehabt,
die Post ist zu.
Polizist
kriegt dich im Nu.

Hör hin, mach mit!
Was ist da passiert? Denk dir dazu eine Geschichte aus.

Pauls Abenteuer

Punkt Punkt Platsch
Paul fällt in den Matsch.

Punkt Punkt Plopp
Paul sagt sofort stopp!

Punkt Punkt Pink
Doktor Pit kommt flink.

Punkt Punkt Pit
Paul ist wieder fit.

Punkt Punkt Pank
Paul sagt vielen Dank.

Punkt Punkt Pause
alle gehn nach Hause.

In der Spülmaschine

Tropfen tropfen,
tropfen auf die Tassen.
Tropfen tropfen,
tropfen toll in Massen.

Tropfen tropfen,
tropfen auf die Teller.
Tropfen tropfen,
tropfen immer schneller.

Tropfen tropfen,
wissen Tom und Tine.
Tropfen tropfen
in der Spülmaschine.

Hör hin, mach mit!

Sprecht dieses Gedicht in zwei Gruppen. Eine Gruppe gibt nur den Tropfen-Rhythmus vor, und eine andere spricht den eigentlichen Text darüber.

Der Trockner

Der Trockner trocknet tausend Tücher trocken.
Der Trockner trocknet tausend Tücher toll.
Tischdecken, Taschentücher, Tennissocken –
der Trockner trocknet alles wundervoll.

Tagsüber trocknet unser Trockner trocken,
die Trockentrommel dreht sich tausendmal.
Tischdecken, Taschentücher, Tennissocken –
der Trockner trocknet alles ganz total.

Und macht der Trockner einmal nichts mehr trocken,
dann trocknet er tatsächlich gar nichts mehr.
Tischdecken, Taschentücher, Tennissocken –
im Sommer trocknet sie die Sonne sehr.

Winterwatte

Weich, weich, weich,
die Watte ist wohl weich.

Und bau ich Winterwege,
auf die ich Watte lege,
als wär es Winterschnee,
dann tut sich niemand weh.

Weich, weich, weich,
die Watte ist wohl weich.

Schneetreiben

Der Winter ist nicht sehr beliebt,
weil keiner gerne Schnee wegschiebt.
Frühmorgens hört man manchmal schon
den Schneeschie-schieber-Schiebeton.

Schneehin – schneeher – schneeweg – Schneematsch,
schieb, Schieber, schieb, schieb schnell, ratsch, ratsch.
Dass niemand schlittert, niemand rutscht
und unfreiwillig Schneematsch lutscht.

Der Winter kann ganz anders sein
und lädt uns schön zum Spielen ein.
Doch schiebt der Schneeschieber vorbei,
dann schimpft man schon mal mit Geschrei:

Schneehin – schneeher – schneeweg – Schneematsch,
schieb, Schieber, schieb, schieb schnell, ratsch, ratsch.
Doch lass ein wenig Schnee noch hier
zum Schneemannbaun, schon dank ich dir.

Hör hin, mach mit!
Sprich den Laut SCH übertrieben.
Stell dir vor, du würdest dabei
mit dem Schneeschieber Schnee
wegschieben.

Schlaf schön!

Die Schnecke schleicht,
so schnell es geht,
zu sich ins
Schneckenhaus.

Schlüpft schnell in ihren
Schlafanzug
und schläft sich
richtig aus.

Sch Sch Sch

Schlafe, schlaue
Schnecke!
Schlafe schnell
und schön.
Nachher kommt
dein Schatz vorbei
und will shoppen gehn.

Hör hin, mach mit!

Sch Sch Sch! Sei so langsam wie die Schnecke. Sprich dieses Gedicht ganz,
ganz langsam. Versuche, auch das Sch Sch Sch so zu sprechen, als ob jemand
schläft und als ob jemand kriecht. Finde den Unterschied heraus.

Schönes Sonnenwetter

Im Schirmeständer standen keine Schirme,
im Schirmeständer steckte nur ein Stock.
So runzelte Frau Schirmer ihre Stirne.
Kein Schmuddelwasser spritzte an den Rock.

Vielleicht lag es am schönen Sonnenscheine,
die Sonne schien seit Stunden auf die Stadt.
Die Strahlen strahlten schließlich von alleine
und hatten solchen Regenschauer satt.

Hurra, hurra – wir klatschen viel.

Applaus, Applaus!

Im Theater wird geklatscht, wenn ein Stück
vorbei ist und man sich bei den Schauspielern
bedanken will. Klatsche im Rhythmus.

Dan-ke-schön.
Auf Wie-der-sehn.
Eu-er Stück
war wun-der-schön.
Dan-ke-schön,
wir klat-schen laut,
ha-ben ger-ne zu-ge-schaut.

Das ist ein tolles Silbenspiel!

Schokoladen-Klatschgedicht

Scho-ko-la-de soll man tei-len,
weil sie al-len le-cker schmeckt.
Dann braucht man sich nicht be-ei-len,
weil je-der das Glei-che schleckt.

Al-le es-sen Scho-ko-la-de.
Je-der Rie-gel ist ein Glück.
Wer nichts hat, der fin-det's scha-de,
da-rum teilt man Stück für Stück.

Hör hin, mach mit!

Zu diesem Gedicht kannst du klatschen. Du kannst es aber auch
beim Schokoladeteilen sprechen. Sprich es Silbe für Silbe, und teile dabei
Stück für Stück die Schokolade. Guten Appetit!

Das Unterseeboot

Das Untersee,
das Untersee,
das Unterseebootboot
geht unter See,
geht unter See
und ist nicht in Seenot.

Das Untersee,
das Untersee,
heißt Unterseebootboot,
weil's untergeht,
weil's untergeht
und doch nicht ist in Not.

Hör hin, mach mit!
Klatsch dazu im Takt.

Sprachspiele für alle

Sprachspiele machen Spaß – immer und überall. Wir brauchen dazu nichts als uns selbst. Am Anfang steht die Stille. Sie macht uns aufnahmebereit für das Geräusch, den Ton, den Laut. Das Gedicht von der Stille stimmt die Kinder ein. Das geht so . . .

Spiel 1
Wir üben die Stille

1.   ....
      ....
      ....

Sei ganz still.
Das war die erste Strophe.

2.   ....
      ....
      ....

Sei ganz still.
Das war die zweite Strophe.

3.   ....
      ....
      ....

Sei ganz still.
Das war die dritte Strophe.

Spiel 2
Geräuscheketten

Jede Geräuschekette erzählt eine Geschichte. Man kann diese
Geräusche allein machen oder zu mehreren. Man kann diese
Geschichten auch anderen Kindern vorspielen und sie raten lassen.

Dornröschen
1. Man hört den Kuss des Prinzen.
2. Der Koch ohrfeigt den Kochlehrling
3. König und Königin werden wach.
4. Man hört den Kuss der Prinzessin.

Der zerplatzte Luftballon
1. Ein Luftballon platzt.
2. Ein Kind weint.
3. Eine Mutter versucht, ein Kind zu beruhigen.
4. Ein Vater bläst einen neuen Luftballon auf.
5. Ein Kind lacht.

Der Besuch ist da
1. Eine Klingel klingelt.
2. Die quietschende Tür geht auf.
3. Der Hund bellt fröhlich.
4. Ein Kind freut sich.

Spiel 3
Die Pusteblume

Das Kind darf jeden Buchstaben pusten. Wie pustet man ein P?
Wie pustet man ein U? Wie pustet man ein S? Kann man ein S
überhaupt pusten? Das Kind beobachtet sich dabei in einem Spiegel.

Puste deine Pusteblume
in die ganze Welt.
Denn dort wachsen Pusteblumen,
wo der Samen fällt.

P U S T E B L U M E

Spiel 4
Komm, wir flüstern

Hier wird das Flüstern geübt. Flüstern Sie dem Kind jede Zeile einzeln
vor, das Kind flüstert Ihnen nach. Dann sprechen Sie beide zusammen
das Gedicht einmal laut. Wer spürt den Unterschied?

Flüster, flüster, leise, leise,
flüster mir was Leises vor.
Ich sag's weiter dann im Kreise,
weiter geht's von Ohr zu Ohr.

Flüster, flüster, leise, leise,
sprich mal deinen Namen aus.
Ich heiß Rabe, du heißt Meise,
und wir wollen nun nach Haus.

Flüster, flüster, leise, leise,
niemand soll uns hören nun.
Komm, wir machen eine Reise,
du als Frosch und ich als Huhn.

Spiel 5
Immer länger

Dieser Text soll ganz langsam gesprochen werden. Langsam wird er immer länger.

Elisabeth wird groß

E
Eli
Elisa
Elisabeth wird groß!

Spiel 6
Ein Rhythmussspiel

Zuerst wird das Wort beim Klatschen gesprochen, dann beim Hüpfen.

Sackhüpfen

Sack-hüp-fen
Sack-hüp-fen
Sack-hüp-fen
Sack-hüp-fen

Spiel 7
Beim Sportfest

Wir stellen uns vor, wir sind beim Sportfest. Wir wollen alle Freunde
anfeuern. Welche Namen gibt es noch? Jeder darf mitklatschen, wenn
er möchte.

Anfeuerungsrufe beim Sportfest

Ste-fa-nie!
Ste-fa-nie!
Ste-fa-nie!

Paul   Paul   Paul   Paul!
Paul   Paul   Paul   Paul!
Paul   Paul   Paul   Paul!
Paul   Paul   Paul   Paul!

Ke-vin Ke-vin Ke-vin Ke-vin!
Ke-vin Ke-vin Ke-vin Ke-vin!

Ale-xan-der!
Ale-xan-der!
Ale-xan-der!

Spiel 8
Autokennzeichen klatschen

Ein kleines Klatschspiel verkürzt die Autofahrt. Welche Buchstaben auf den Nummernschildern kennt Ihr Kind schon? Sagen Sie ihm, welche Stadt sich dahinter verbirgt.

M M M M M M
München

K K K K K K
Köln

HH HH HH HH
Hansestadt Hamburg

LP LP LP LP LP
Lippstadt

CUX CUX CUX CUX
Cuxhaven

Spiel 9
Zauberspruch

Wie man das E wegzaubern kann

Ene mene Ententanz,
E entfern dich, und zwar
ganz.
Ene mene Entendreck,
E entfern dich,
geh schnell weg.

Manchmal klappt der Zauberspruch nicht ganz, und das E wird entfernt, aber durch ein A ausgetauscht. Das klingt dann so:

Ana mana Antantanz,
A antfarn dich, und zwar
ganz.
Ana mana Antandrack,
A antfarn dich,
gah schnall wag.

Manchmal entsteht so ein neuer Zauberspruch, der das A wegzaubern soll und dann durch ein U ersetzt wird:

Unu munu Untuntunz,
U untfurn dich, und zwur
gunz.
Unu munu Untundruck,
U untfurn dich,
guh schnull wug.

Natürlich kann man diesen Zauberspruch auch dafür verwenden, dass das U weggezaubert werden soll und dann durch ein O oder I ersetzt wird. Probier es aus.